Impressum
Verlag: BABADADA GmbH, Nedderfeld 112 , 22529 Hamburg
Geschäftsführer / Verlagsleitung: Harald Hof
Druck: Books on Demand GmbH, In de Tarpen 42, 22848 Norderstedt

Imprint
Publisher: BABADADA GmbH, Nedderfeld 112 , 22529 Hamburg, Germany
Managing Director / Publishing direction: Harald Hof
Print: Books on Demand GmbH, In de Tarpen 42, 22848 Norderstedt, Germany

el aula
教室

dividir
除

186/2

la pizarra
黑板

el patio
校园

el maestro/a
老师

el papel
纸

escribir
书写

el bolígrafo
钢笔

el escritoria
办公桌

la regla
直尺

el libro
书

el alumno/a
学生

la cartera
书包

la caja de lápices
铅笔盒

el lápiz
铅笔

el sacapuntas
卷笔刀

la goma de borrar
橡皮擦

el cuaderno de dibujo
画板

el dibujo

图画

el pincel

画笔

la caja de pinturas

颜料盒

las tijeras

剪刀

el pegamento

胶水

el cuaderno de ejercicios

练习册

los deberes

家庭作业

el número

数字

sumar

加

restar

减

multiplicar

乘

calcular

计算

la letra

字母

el alfabeto

字母表

la palabra

字

el texto

课文

leer

读

la tiza

粉笔

la lección

上课

el cuaderno de notas

登记

el examen

考试

el certificado

证书

el uniforme

校服

la educación

教育

la enciclopedia

百科全书

la universidad

大学

el microscopio

显微镜

el mapa

地图

la papelera

废纸筐

el hotel
酒店

el albergue
青年旅社

ROOMS

oficina de cambio de divisas
币兑换处

EXCHANGE

la maleta
手提箱

el coche
汽车

el idioma
语言

sí / no
是/否

Vale
好的

hola
您好

el traductor
翻译员

Gracias
谢谢

¿cuánto es...?

......多少钱？

No entiendo

我不明白

el problema

问题

¡Buenas tardes!

晚上好！

¡Buenos días!

早上好！

¡Buenas noches!

晚安！

adiós

再见

la dirección

方向

el equipaje

行李

la bolsa

包

la mochila

双肩包

el invitado

客人

la habitación

房间

el saco de dormir

睡袋

la tienda de campaña

帐篷

la información turística

旅游信息

la playa

海滩

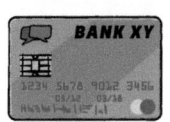

la tarjeta de crédito

信用卡

el desayuno

早餐

el almuerzo

午餐

la cena

晚餐

el billete

票

el ascensor

电梯

el sello

邮票

la frontera

边界

la aduana

海关

la embajada

大使馆

la visa

签证

el pasaporte

护照

el avión
飞机

el barco
船

el coche de bomberos
消防车

el autobús
公交车

el camión
卡车

la lancha a motor
汽艇

la bicicleta
自行车

el coche
汽车

el transbordador

摆渡船

la barca

小船

la moto

摩托车

el coche de policía

警车

el coche de carreras

赛车

el coche de alquiler

租车

el préstamo de vehículos

拼车

la grúa

拖车

el camión de la basura

垃圾车

el motor

发动机

la gasolina

汽油

la gasolinera

加油站

la señal de tráfico

交通标志

el tráfico

交通

el atasco

交通堵塞

el aparcamiento

停车场

la estación de tren

火车站

las vías

轨道

el tren

火车

el tranvía

电车

el vagón

货车

el helicóptero

直升机

el aeropuerto

机场

la torre

塔

el pasajero

乘客

el contenedor

集装箱

la caja de cartón

纸板箱

la carretilla

手推车

la cesta

篮子

despegar / aterrizar

起飞/降落

la ciudad

城市

el pueblo

村庄

el centro de la ciudad

市中心

la casa

房子

el cine
电影院

el anuncio
广告

la farola
路灯

la calle
街道

el taxi
出租车

el quiosco
小吃店

el peatón
行人

la acera
人行道

el cruce
十字路口

el paso de cebra
斑马线

contenedor de basura
圾箱

el semáforo
红绿灯

la cabaña

小屋

el apartamento

公寓

la estación de tren

火车站

el ayuntamiento

市政厅

el museo

博物馆

la escuela

学校

la ciudad - 城市

la universidad

大学

el banco

银行

el hospital

医院

el hotel

酒店

la farmacia

药房

la oficina

办公室

la librería

书店

la tienda de campaña

商店

la floristería

花店

el supermercado

超市

el mercado

市场

los grandes almacenes

百货商店

la pescadería

鱼店

el centro comercial

购物中心

el puerto

海港

el parque

公园

el banco

长凳

el puente

桥

las escaleras

楼梯

el metro

地铁

el túnel

隧道

la parada de autobús

公交车站

el bar

酒吧

el restaurante

餐馆

el buzón

邮筒

el poste indicador

路标

el parquímetro

停车计时器

el zoo

动物园

la piscina

游泳馆

la mezquita

清真寺

la granja

农场

la contaminación

污染

el cementerio

墓地

la iglesia

教堂

el patio de juego

操场

el templo

寺庙

el paisaje

地形

la hoja
树叶

la señal
指示牌

el camino
路

el prado
草地

la piedra
石头

el árbol
树

el excursionista
徒步旅行者

el río
河

la hierba
草

la flor
花

el valle

峡谷

la colina

山

el lago

湖

el bosque

森林

el desierto

沙漠

el volcán

火山

el castillo

城堡

el arcoíris

彩虹

el champiñón

蘑菇

la palmera

棕榈树

el mosquito

蚊子

la mosca

苍蝇

la hormiga

蚂蚁

la abeja

蜜蜂

la araña

蜘蛛

el escarabajo

甲虫

la rana

青蛙

la ardilla

松鼠

el erizo

刺猬

la liebre

野兔

la lechuza

猫头鹰

el pájaro

鸟

el cisne

天鹅

el jabalí

野猪

el ciervo

鹿

el alce

麋鹿

la presa

水坝

la turbina eólica

风力发电机

el panel solar

太阳能电池板

el clima

气候

el camarero
服务员

el menú
菜单

la silla
椅子

la sopa
汤

la pizza
披萨饼

la cubertería
餐具

el mantel
桌布

el primer plato
....
前菜

el plato principal
....
主菜

el postre
....
甜点

las bebidas
....
饮料

la comida
....
食物

la botella
....
瓶子

la comida rápida

快餐

la comida callejera

街边小吃

la tetera

茶壶

el azucarero

糖盒

la porción

一份饭菜

la cafetera expreso

意式咖啡机

la trona

高脚椅

la cuenta

账单

la bandeja

托盘

el cuchillo

刀

el tenedor

餐叉

la cuchara

勺子

la cucharilla

茶匙

la servilleta

餐巾

el vaso

玻璃杯

el plato

碟子

el plato hondo

汤盘

el platillo

碟子

la salsa

酱

el salero

盐瓶

el molinillo de pimienta

胡椒磨

el vinagre

醋

el aceite

食用油

las especias

调味料

el ketchup

番茄酱

la mostaza

芥末

la mayonesa

蛋黄酱

la oferta especial
特价

el cliente
顾客

los lácteos
乳制品

la fruta
水果

el carro de compra
购物车

la carniceria

肉铺

la panadería

面包房

pesar

称重

las verduras

蔬菜

la carne

肉

los alimentos congelados

冷冻食品

los fiambres

冷盘

las conservas

罐头食品

el detergente en polvo

洗衣粉

los dulces

甜食

productos de uso doméstico

日用品

productos de limpieza

清洁用品

la vendedora

销售员

la caja de cartón

收银机

el cajero

收银员

la lista de la compra

购物清单

el horario de atención al público

开放时间

la cartera

钱包

la tarjeta de crédito

信用卡

la bolsa de plástico

袋子

la bolsa de plástico

塑料袋

el agua

水

el zumo

果汁

la leche

牛奶

la cola

可乐

el vino

红酒

la cerveza

啤酒

el alcohol

酒

el cacao

可可

el té

茶

el café

咖啡

el expreso

意式浓缩咖啡

el capuchino

卡布奇诺

el plátano

香蕉

la manzana

苹果

la naranja

橙子

el melón

西瓜

el limón

柠檬

la zanahoria

胡萝卜

el ajo

大蒜

el bambú

竹子

la cebolla

洋葱

el champiñón

蘑菇

las avellanas

坚果

los fideos

面条

las espagueti

意大利面条

el arroz

米饭

la ensalada

沙拉

las patatas fritas

薯条

las patatas fritas

炸土豆

la pizza

披萨饼

la hamburguesa

汉堡包

el sándwich

三明治

el filete

炸猪排

el jamón

火腿

le salami

萨拉米

la salchicha

香肠

el pollo

鸡肉

el asado

烤肉

el pescado

鱼

los copos de avena

燕麦片

el muesli

穆兹利

los copos de maíz

玉米片

la harina

面粉

el cruasán

羊角面包

el panecillo

面包卷

el pan

面包

la tostada

烤面包

las galletas

饼干

la mantequilla

黄油

la cuajada

凝乳

el pastel

蛋糕

el huevo

蛋

el huevo frito

煎蛋

el queso

奶酪

el helado

冰激凌

el azúcar

糖

la miel

蜂蜜

la mermelada

果酱

la crema de turrón

巧克力酱

el curry

咖喱饭

la granja
农舍

el granero
粮仓

el fardo de paja
稻草捆

el campo
田野

el caballo
马

el remolque
拖车

el potro
马驹

el tractor
拖拉机

el burro
驴

el cordero
羔羊

la oveja
羊

la cabra
山羊

la vaca
奶牛

el ternero
牛犊

el cerdo
猪

el cerdito
小猪

el toro
公牛

el ganso

鹅

el pato

鸭

el pollo

小鸡

la gallina

母鸡

el gallo

公鸡

la rata

鼠

el gato

猫

el ratón

老鼠

el buey

牛

el perro

狗

la perrera

狗屋

la manguera

花园浇水软管

la regadera

洒水壶

la guadaña

长柄大镰刀

el arado

犁

la hoz

镰刀

la azada

锄头

la horca

长柄草耙

el hacha

斧头

la carretilla

独轮手推车

el abrevadero

饲料槽

la lechera

牛奶罐

el saco

麻布袋

la valla

栅栏

el establo

马厩

el invernadero

温室

el suelo

土壤

la semilla

种子

el fertilizador

肥料

la cosechadora

联合收割机

cosechar

收割

la cosecha

收割

el ñame

山药

el trigo

小麦

el soja

大豆

la patata

土豆

el maíz

玉米

la semilla de colza

油菜籽

el árbol frutal

果树

la mandioca

树薯

las cereales

谷物

la chimenea
烟囱

el tejado
屋顶

el canalón
落水管

la ventana
窗户

el garaje
车库

el timbre
门铃

la puerta
门

el cubo de basura
垃圾桶

el buzón
信箱

el jardín
花园

la sala

客厅

el cuarto de baño

浴室

la cocina

厨房

el dormitorio

卧室

la habitación de los niños

儿童房

el comedor

餐厅

el suelo

地板

la pared

墙壁

el techo

吊顶

el sótano

地窖

la sauna

桑拿

el balcón

阳台

la terraza

露台

la piscina

游泳池

el cortacésped

割草机

la sábana

被单

la colcha

床罩

la cama

床

la escoba

扫帚

el balde

水桶

el interruptor

开关

el papel pintado
壁纸

la imagen
照片

la lámpara
台灯

el estante
搁架

el armario
橱柜

la televisión
电视机

la chimenea
壁炉

la flor
花

el cojín
垫子

el sofá
沙发

el jarrón
花瓶

el mando a distancia
遥控器

la alfombra
....
地毯

la cortina
....
窗帘

la mesa
....
餐桌

la silla
....
椅子

el mecedora
....
摇椅

la butaca
....
扶手椅

el libro

书

la manta

毯子

la decoración

装饰品

la leña

木柴

la película

电影

el equipo de música

高保真音响

la llave

钥匙

el periódico

报纸

la pintura

油画

el póster

海报

la radio

收音机

el cuaderno

笔记本

la aspiradora

吸尘器

el cactus

仙人掌

la vela

蜡烛

el refrigerador
冰箱

el microondas
微波炉

la balnza de cocina
厨房秤

la tostadora
烤面包机

el detergente
洗洁精

el horno
烤箱

el congelador
冰柜

el cubo de basura
垃圾桶

el lavavajillas
洗碗机

la olla a presión
....
炊具

la olla
....
锅

la olla de hierro fundido
....
铸铁锅

el wok
....
炒锅

la cazuela
....
平底锅

el hervidor
....
水壶

la vaporera

蒸锅

la chapa de horno

烤盘

la vajilla

陶瓷锅

la taza

马克杯

el tazón

碗

los palillos

筷子

el cucharón

长柄勺

la espumadera

铲子

el batidor

搅拌器

el colador

滤网

el cedazo

筛子

el rallador

磨碎机

el mortero

研钵

la barbacoa

烧烤

la hoguera

明火

la tabla de picar

菜板

el rodillo

擀面杖

el sacacorchos

开瓶器

la lata

罐子

el abrelatas

开罐器

el agarrador

隔热手套

el lavabo

水槽

el cepillo

刷子

la esponja

海绵

la batidora

搅拌机

el congelador

冷藏箱

el biberón

奶瓶

el grifo

水龙头

la ducha
淋浴

la calefacción
供暖设备

la toalla
毛巾

la cortina de la ducha
浴帘

el baño de espuma
泡沫浴

la bañera
浴缸

el vaso
玻璃杯

la lavadora
洗衣机

las baldosas
瓷砖

el grifo
水龙头

el orinal
便壶

el lavabo
水槽

el inodoro
....
厕所

el inodoro rústico
....
蹲便器

el bidé
....
坐浴器

el urinario
....
小便池

el papel higiénico
....
厕纸

la escobilla del váter
....
马桶刷

el cepillo de dientes

牙刷

la pasta de dientes

牙膏

el hilo dental

牙线

lavar

洗

la ducha de mano

手持式喷淋头

la ducha íntima

冲洗器

la pila

洗脸盆

el cepillo de espalda

擦背刷

el jabón

肥皂

el gel de ducha

沐浴露

el champú

洗发水

la toallita

法兰绒

el desagüe

排水

la crema

乳霜

el desodorante

除臭剂

el espejo

镜子

el espejo de tocador

手镜

la maquinilla de afeitar

剃须刀

la espuma de afeitar

剃须泡沫

la loción postafeitado

须后水

el peine

梳子

el cepillo

刷子

el secador

吹风机

la laca

喷发定型剂

el maquillaje

化妆品

el pintalabios

唇膏

el pintauñas

指甲油

el algodón

化妆棉

el cortauñas

指甲剪

el perfume

香水

el estuche de viaje

洗漱包

la banqueta

凳子

la balanza

计重秤

el albornoz

浴袍

los guantes de goma

橡胶手套

el tampón

卫生棉条

la compresa

卫生巾

el inodoro químico

化学厕所

la habitación de los niños
儿童房

el despertador
闹钟

el peluche
毛绒玩具

el coche de juguete
玩具车

el sonajero
拨浪鼓

la casa de muñecas
玩具屋

el regalo
礼物

el globo
气球

la cama
床

el coche de niño
（洋娃娃用）婴儿车

los naipes
扑克牌

el puzle
拼图

el tebeo
漫画

las piezas de lego

乐高积木

los bloques de juguete

积木玩具

la figura de acción

玩具人

el bodi (de bebé)

婴儿服

el frisbee

飞盘

el colgador móvil para bebés

床铃玩具

el juego de mesa

棋盘游戏

los dados

骰子

el circuito de tren eléctrico

火车模型

el maniquí

安抚奶嘴

la fiesta

聚会

el álbum de fotos

绘本

la pelota

球

la muñeca

洋娃娃

jugar

玩

el cajón de arena

沙坑

el columpio

秋千

los juguetes

玩具

la videoconsola

游戏机

el triciclo

三轮车

el oso de peluche

泰迪熊

la guardarropa

衣柜

la ropa

衣服

los calcetines

袜子

las medias

长袜

los leotardos

紧身裤

la bufanda
围巾

el paraguas
雨伞

la camiseta
T恤

el cinturón
皮带

las botas
靴子

las zapatillas
拖鞋

las deportivas
运动鞋

las sandalias
凉鞋

los zapatos
鞋

las botas de goma
雨靴

el slip
内裤

el sostén
胸罩

el chaleco
背心

la ropa - 衣服

45

el bodi

身体

los pantalones cortos

裤子

los vaqueros

牛仔裤

la falda

短裙

la blusa

女式衬衫

la camisa

衬衫

el jersey

套头衫

el suéter

卫衣

el blazer

西装夹克

la chaqueta

夹克

el abrigo

外套

la gabardina

雨衣

el traje

套装

el vestido

连衣裙

el vestido de novia

婚纱

el traje
西装

el camisón
睡袍

el pijama
睡衣

el sati
莎丽

el bandana
头巾

el turbante
包头巾

la burka
波卡

el caftán
卡夫坦

la abaya
(阿拉伯式)长袍

el traje de baño
泳衣

el bañador
男式泳裤

los pantalones cortos
短裤

el chándal
运动服

el delantal
围裙

los guantes
手套

el botón

纽扣

las gafas

眼镜

el brazalete

手链

el collar

项链

el anillo

戒指

el pendiente

耳环

la gorra

便帽

la percha

衣架

el sombrero

帽子

la corbata

领带

la cremallera

拉链

el casco

头盔

los tirantes

背带

el uniforme

校服

el uniforme

制服

el babero
围兜

el maniquí
安抚奶嘴

el pañal
尿不湿

la oficina
办公室

el servidor
服务器

el archivo
文件柜

la impresora
打印机

el papel
纸

el monitor
显示屏

el escritoria
办公桌

el ratón
鼠标

la carpeta
文件夹

el teclado
键盘

la papelera
废纸筐

el ordenador
电脑

la silla
椅子

la taza de café

咖啡杯

la calculadora

计算器

el internet

因特网

el portátil

笔记本电脑

la carta

信件

el mensaje

消息

el móvil

手机

la red

网络

la fotocopiadora

复印机

el software

软件

el teléfono

电话

la toma de corriente

插座

el fax

传真机

el formulario

表格

el documento

文件

comprar

买

pagar

付钱

comerciar

交易

el dinero

现金

el dólar

美元

el euro

欧元

el yen

日元

el rublo

卢布

el franco suizo

瑞士法郎

el renminbi yuan

人民币

la rupia

卢比

el cajero automático

提款处

la oficina de cambio de divisas

外币兑换处

el oro

金

la plata

银

el petróleo

石油

la energía

能源

el precio

价格

el contrato

合同

el impuesto

税金

la acción

股票

trabajar

工作

el empleador

职员

el empleador

老板

la fábrica

工厂

la tienda de campaña

商店

el agente de policía
警官

el bombero
消防员

el piloto
飞行员

el cocinero
厨师

el médico
医生

el jardinero

园丁

el carpintero

木匠

la costurera

裁缝

el juez

法官

el farmacéutico

化学家

el actor

演员

el conductor de autobús

公交车司机

el taxista

出租车司机

el pescador

渔夫

la señora de la limpieza

清洁女工

el techador

屋顶工

el camarero

服务员

el cazador

猎人

el pintor

画家

el panadero

面包师

el electricista

电工

el obrero

建筑工人

el ingeniero

工程师

el carnicero

屠夫

el fontanero

水管工

el cartero

邮递员

el soldado

士兵

el arquitecto

建筑师

el cajero

收银员

el florista

花农

el peluquero

理发师

el revisor

售票员

el mecánico

机械师

el capitán

船长

el dentista

牙医

el científico

科学家

el rabino

拉比

el imán

伊玛目

el monje

和尚

el sacerdote

牧师

el martillo
铁锤

los alicates
钳子

el destornillador
螺丝刀

la llave
扳手

la linterna
手电筒

la excavadora

挖掘机

la caja de herramientas

工具箱

la escalera de mano

梯子

la sierra

锯子

los clavos

钉子

el taladro

钻机

reparar
修

la pala
铲子

¡Maldita sea!
靠！

el recogedor
簸箕

el bote de pintura
油漆桶

los tornillos
螺丝

los instrumentos musicales
乐器

el altavoz
扬声器

la batería
打击乐器

la guitarra
吉他

el contrabajo
低音提琴

la trompeta
小号

el piano

钢琴

el violín

小提琴

bajo

贝斯

los timbales

定音鼓

el tambor

鼓

el teclado

电子琴

el saxofón

萨克斯管

la flauta

长笛

el micrófono

麦克风

la entrada
入口

el tigre
老虎

la jaula
笼子

la cebra
斑马

el pienso
动物饲料

el panda
熊猫

los animales
动物

el elefante
大象

el canguro
袋鼠

el rinoceronte
犀牛

el gorila
大猩猩

el oso
熊

el camello

骆驼

el avestruz

鸵鸟

el león

狮子

el mono

猴子

el flamingo

火烈鸟

el loro

鹦鹉

el oso polar

北极熊

el pingüino

企鹅

el tiburón

鲨鱼

el pavo real

孔雀

la serpiente

蛇

el cocodrilo

鳄鱼

el guardián de zoológico

动物园管理员

la foca

海豹

el jaguar

美洲豹

el poni

矮种马

el leopardo

豹

el hipopótamo

河马

la jirafa

长颈鹿

el águila

老鹰

el jabalí

野猪

el pescado

鱼

la tortuga

龟

la morsa

海象

el zorro

狐狸

la gacela

羚羊

el fútbol americano
橄榄球

el ciclismo
骑自行车

el tenis
网球

el baloncesto
篮球

la natación
游泳

el boxeo
拳击

el hockey sobre hielo
冰球

el fútbol
英式足球

el bádminton
羽毛球

el atletismo
田径

el balonmano
手球

el esquí
滑雪

el polo
马球

saltar
跳

abrazar
拥抱

reír
笑

caminar
走路

cantar
唱

soñar
做梦

rezar
祈祷

besar
亲吻

escribir

书写

dibujar

画

mostrar

展示

empujar

推

dar

给

tomar

拿

tener

有

hacer

做

ser

当

estar de pie

站

correr

跑

tirar

拉

tirar

扔

caer

摔倒

yacer

躺

esperar

等待

llevar

携带

estar sentado

坐

vestirse

穿衣

dormir

睡觉

despertar

醒来

mirar

看

llorar

哭

acariciar

抚摸

peinar

梳头

hablar

交谈

entender

明白

preguntar

问

escuchar

听

beber

喝

comer

吃

ordenar

清理

amar

爱

cocinar

做饭

conducir

开车

volar

飞

navegar

航行

calcular

计算

leer

读

aprender

学习

trabajar

工作

casarse

结婚

coser

缝

cepillarse los dientes

刷牙

matar

杀

fumar

抽烟

enviar

寄

la abuela
祖母

el abuelo
祖父

el padre
父亲

la madre
母亲

el bebé
婴童

la hija
女儿

el hijo
儿子

el invitado

客人

la tía

阿姨

el tío

叔叔

el hermano

兄弟

la hermana

姐妹

la frente
前额

el ojo
眼睛

la cara
脸

la barbilla
下巴

el pecho
乳房

el hombro
肩膀

el dedo
手指

la mano
手

la pierna
腿

el brazo
手臂

el bebé

婴童

el hombre

男人

la mujer

女人

la chica

女孩

el chico

男孩

la cabeza

头

la espalda

背部

el vientre

肚子

el ombligo

肚脐

el dedo del pie

脚趾

el talón

脚后跟

el hueso

骨头

la cadera

臀部

la rodilla

膝盖

el codo

手肘

la nariz

鼻子

el trasero

屁股

la piel

皮肤

la mejilla

脸颊

el oído

耳朵

el labio

嘴唇

la boca

嘴

el diente

牙齿

la lengua

舌头

el cerebro

脑

el corazón

心脏

el músculo

肌肉

el pulmón

肺

el hígado

肝脏

el estómago

胃

los riñones

肾脏

el sexo

性交

el condón

避孕套

el ovario

卵子

el semen

精子

el embarazo

怀孕

la menstruación
....
月经

la vagina
....
阴道

el pene
....
阴茎

la ceja
....
眉毛

el pelo
....
头发

el cuello
....
脖子

el hospital
医院

la ambulancia
救护车

la silla de ruedas
轮椅

la fractura
骨折

el médico

医生

la sala de urgencias

急诊室

la enfermera

护士

la urgencia

紧急情况

inconsciente

昏迷

el dolor

痛

la lesión

受伤

la hemorragia

出血

el infarto

心脏病发作

el ictus

中风

la alergia

过敏

la tos

咳嗽

la fiebre

发烧

la gripe

流感

la diarrea

腹泻

el dolor de cabeza

头痛

el cáncer

癌症

la diabetes

糖尿病

el cirujano

外科医生

el bisturí

手术刀

la operación

手术

TAC

CT

los rayos x

X光

el ultrasonido

超声波

la mascarilla

口罩

la enfermedad

疾病

la sala de espera

候诊室

la muleta

拐杖

la tirita

石膏

la venda

绷带

la inyección

注射

el estetoscopio

听诊器

la camilla

担架

el termómetro

体温计

el nacimiento

出生

el sobrepeso

超重

el audífono

助听器

el desinfectante

消毒液

la infección

感染

el virus

病毒

VIH / SIDA

艾滋病

la medicina

药物

la vacunación

接种疫苗

las tabletas

药片

la pastilla

药丸

la llamada de urgencia

急救电话

el tensiómetro

血压计

enfermo / sano

生病/健康

¡Socorro!

救命！

la alarma

警报

el asalto

突击

el ataque

攻击

el peligro

危险

la salida de emergencia

紧急出口

¡Fuego!

着火啦！

el extintor de incendios

灭火器

el accidente

意外

el botiquín de primeros
auxilios

急救箱

SOS

呼救信号

la policía

警察

Europa

欧洲

Norteamérica

北美洲

Sudamérica

南美洲

África

非洲

Asia

亚洲

Australia

澳洲

el atlántico

大西洋

el Pacífico

太平洋

el Océano Índico

印度洋

el Océano Antártico

南冰洋

el Océano Ártico

北冰洋

el polo norte

北极

el polo sur

南极

La Antártida

南极洲

la tierra

地球

la tierra

陆地

el mar

海

la isla

岛

la nación

国家

el estado

国家

la esfera

钟面

la manecilla de las horas

时针

el minutero

分针

el segundero

秒针

¿Qué hora es?

现在几点？

el día

天

el tiempo

时间

ahora

现在

el reloj digital

电子表

el minuto

分

la hora

时

la semana

周

lunes 周一
martes 周二
miércoles 周三
jueves 周四
viernes 周五
sábado 周六
domingo 周日

ayer
昨天

hoy
今天

mañana
明天

la mañana
早晨

el mediodía
中午

la tarde
晚上

los días laborables
工作日

el fin de semana
周末

la lluvia
雨

el arcoíris
彩虹

el viento
风

la nieve
雪

la primavera
春

el otoño
秋

el verano
夏

el invierno
冬

el pronóstico del tiempo

天气预报

el termómetro

温度计

el sol

阳光

la nube

云

la niebla

雾

la humedad

潮湿

el rayo

闪电

el trueno

打雷

la tormenta

风暴

el granizo

冰雹

el monzón

季风

la inundación

洪水

el hielo

冰

enero

一月

febrero

二月

marzo

三月

abril

四月

mayo

五月

junio

六月

julio

七月

agosto

八月

septiembre
·····················
九月

octubre
·····················
十月

noviembre
·····················
十一月

diciembre
·····················
十二月

las formas
形状

el círculo
·····················
圆形

el cuadrado
·····················
正方形

el rectángulo
·····················
长方形

el triángulo
·····················
三角形

la esfera
·····················
球体

el cubo
·····················
立方体

blanco

白

amarillo

黄

anaranjado

橙

rosa

粉

rojo

红

morado

紫

azul

蓝

verde

绿

marrón

棕

gris

灰

negro

黑

mucho / poco

很多/少许

enojado / tranquilo

生气/平静

bonito / feo

美/丑

principio / fin

首/尾

grande / pequeño

大/小

claro / oscuro

明/暗

el hermano / la hermana

兄弟/姐妹

limpio / sucio

干净/肮脏

completo / incompleto

完整/缺失

el día / la noche

白天/晚上

muerto / vivo

死/生

ancho / estrecho

宽/窄

comestible / no comestible

可食用/非食用

malo / amable

邪恶/善良

entusiasmado / aburrido

兴奋/无聊

gordo / delgado

胖/瘦

primero / último

第一/最后

el amigo / el enemigo

朋友/敌人

lleno / vacío

满/空

duro / blando

硬/软

pesado / ligero

重/轻

el hambre / la sed

饿/渴

enfermo / sano

生病/健康

ilegal / legal

非法/合法

inteligente / tonto

聪明/愚笨

izquierda / derecha

左/右

cerca / lejos

近/远

nuevo / usado

新/旧

nada / algo

没有/有些

viejo / joven

老/幼

encendido / apagado

开/关

abierto / cerrado

打开/合上

silencioso / ruidoso

安静/吵闹

rico / pobre

富/穷

correcto / incorrecto

对/错

áspero / suave

粗糙/光滑

triste / contento

伤心/高兴

corto / largo

短/长

lento / rápido

慢/快

húmedo / seco

湿/干

cálido / frío

温暖/凉爽

guerra / paz

战争/和平

0

cero

零

1

uno

一

2

dos

二

3

tres

三

4

cuatro

四

5

cinco

五

6

seis

六

7

siete

七

8

ocho

八

9

nueve

九

10

diez

十

11

once

十一

12

doce

十二

13

trece

十三

14

catorce

十四

15

quince

十五

16

dieciséis

十六

17

diecisiete

十七

18

dieciocho

十八

19

diecinueve

十九

20

veinte

二十

100

cien

百

1.000

mil

千

1.000.000

el millón

百万

el inglés

英语

el inglés americano

美式英语

el chino madarín

普通话

el hindi

印地语

el español

西班牙语

el francés

法语

el árabe

阿拉伯语

el ruso

俄语

el portugués

葡萄牙语

el bengalí

孟加拉语

el alemán

德语

el japonés

日语

yo

我

tú

你

él / ella / ello

他/她/它

nosotros/as

我们

vosotros/as

你们

ellos/as

他们

¿quién?

谁？

¿qué?

什么？

¿cómo?

怎样？

¿dónde?

哪里？

¿cuándo?

什么时候？

el nombre

名字

detrás

后面

en

里面

delante de

前面

por encima de

上方

sobre

上面

debajo de

下面

junto a

旁边

entre

中间

el lugar

地点